Grand symphony

作詞：佐咲紗花
作曲：本多友紀 (Arte Refact)
© 佐咲紗花＆本多友紀 (Arte Refact)

(We are proud of the true youth stories
We will never forget those glorious days)
果てしなく遠い空へ　限りある青い春をSHOOT！

重ね合う時間(とき)が　何より大切で
交わした言葉は　どれだけあるだろう
glide & ride　回路まで伝い合う魔法で
どんな壁だって　乗り越えてきたね

未だ知らない、でも　飛び込んでみたい
真っ新な扉開くなら
いつだって君と一緒がいい
今までもそう、これからも

この手が掴む未来は　共に描くsymphony
掲げた夢重ね　ひとつになれ
この手と手つなぎ合って　流した幾つもの涙が
虹を放つsky

(We are proud of the true youth stories
We will never forget those glorious days)
限りなく澄んだ瞳　限りある青い衝動

時にはぐれたら　一番に駆けつけて
途切れない糸を　紡いできたんだ
例え行く道が　いつか分かれようとも
芽生えた絆は　消えはしないから

遠回りだって　諦めはしない
立ち上がる強さくれるから
何度でも君とめぐりあう
この瞬間の奇跡を今　焼き付け

輝く命燃やして　かざす想いsympathy
選んだこの道を　進んで行こう
小さな勇気合わせて　大きな夢に届く日まで
虹をなぞるmarch

怖いものなど　今はないから
目指す場所まで　突き進めばいい
「いつか叶う」じゃない
「叶える」未来
不可能を超えた日々を信じて

溢れた想い繋げて　君に贈るsincerely
ほつれた明日が今　ひとつになる
まっすぐに照らす瞳　歩んだ道の先に映る
君の笑顔乗せて

この手が掴む未来は　共に描くsymphony
奏でた夢重ね　ひとつになれ
この手と手つなぎ合って　流した幾つもの涙が
虹を放つsky

(We are proud of the true youth stories
We will never forget those glorious & bright days)

※編集の都合上、E.Guitar3&4とE.Guitar5のパートは24ページより、Pianoのパートは26ページより、Keyboardのパートは29ページにまとめて掲載しています。

24

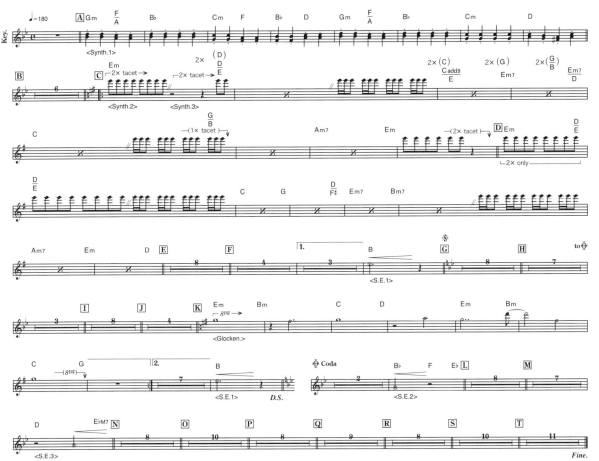

GVIDO

世界初 2画面電子ペーパー搭載 楽譜専用端末 グイド

大型2画面と反射の少ない電子ペーパーによって、見開きA3判サイズと一般的な紙の楽譜と同等に扱える上、厚さ6mm、重さ約660gという薄型軽量を実現しました。

紙の楽譜に近い感覚で約4,000曲(*1)を持ち運ぶ事が可能となり、簡単にページめくりができるように赤外線タッチスイッチを搭載、付属のペンを使って1つの楽譜に複数の書き込みができるので、指揮者や指導者、演奏会毎などで使い分ける事ができ、書き込みをGVIDOサービスに保存して、グループで共有する(*2)こともできます。

(*1)1ファイルを1MBとして換算した場合　　(*2)2018年初旬サービス開始予定

詳しくはコチラ　テラダ・ミュージック・スコア株式会社
https://www.gvido.tokyo/ja

バンドスコアピース

No.	タイトル / アーティスト	No.	タイトル / アーティスト	No.	タイトル / アーティスト
241	君ノ瞳ニ恋シテル c/w 17　椎名林檎	1818	1106　WANIMA	1937	CQCQ　神様、僕は気づいてしまった
283	夏祭り　whiteberry	1831	Road of Resistance　BABYMETAL	1938	イト　クリープハイプ
332	天体観測　BUMP OF CHICKEN	1839	THANX　WANIMA	1939	LOUDER　Roselia
487	大切なもの　ロードオブメジャー	1844	あわだまフィーバー　BABYMETAL	1940	ピースサイン　米津玄師
602	READY STEADY GO　ラルク・アン・シエル	1845	THE ONE　BABYMETAL	1941	SPEED STAR　GARNiDELiA
639	リライト　ASIAN KUNG-FU GENERATION	1848	拝啓、いつかの君へ　感覚ピエロ	1942	Blow out　鈴木このみ
644	群青日和　東京事変	1850	小さな恋のうた　MONGOL800	1943	gravityWall　SawanoHiroyuki[nZk]:Tielle&Gemie
675	3月9日　レミオロメン	1858	あなたに　MONGOL800	1944	ヘビーメウロ　スピッツ
693	Missing　ELLEGARDEN	1864	前前前世 (movie ver.)　RADWIMPS	1945	バトンロード　KANA-BOON
711	GLAMOROUS SKY　NANA starring MIKA NAKASHIMA	1868	ともに　WANIMA	1946	RAIN　SEKAI NO OWARI
725	粉雪　レミオロメン	1872	なんでもないや (movie ver.)　RADWIMPS	1947	DECIDED　UVERworld
729	カルマ　BUMP OF CHICKEN	1873	スパークル (movie ver.)　RADWIMPS	1948	Re:birth day　Roselia
884	残酷な天使のテーゼ　高橋洋子	1874	夢灯籠　RADWIMPS	1949	Forevermore　宇多田ヒカル
896	God knows...　涼宮ハルヒ「C.V. 平野綾」	1883	砂の塔　THE YELLOW MONKEY	1950	アンサー　BUMP OF CHICKEN
902	愛をこめて花束を　Superfly	1885	恋　星野源	1951	虹　高橋優
909	曇天　DOES	1893	STAY TUNE　Suchmos	1952	若い広場　桑田佳祐
974	おしゃかしゃま　RADWIMPS	1897	Always coming back　ONE OK ROCK	1953	だってアタシのヒーロー。　LiSA
979	Don't say"lazy"　桜高軽音部	1901	ヒカリノアトリエ　Mr.Children	1954	トナリアウ　THE ORAL CIGARETTES
1003	君の知らない物語　supercell	1902	LOSER　米津玄師	1955	Family Song　星野源
1009	チェリー　スピッツ	1903	SNOW SOUND　[Alexandros]	1956	10% roll, 10% romance　UNISON SQUARE GARDEN
1053	瞬間センチメンタル　SCANDAL	1906	アイオクリ (movie ver.)　The STROBOSCORP	1957	打上花火　DAOKO × 米津玄師
1060	ソラニン　ASIAN KUNG-FU GENERATION	1907	一滴の影響　UVERworld	1958	百火撩乱　Kalafina
1224	完全感覚Dreamer　ONE OK ROCK	1909	明日も　SHISHAMO	1959	リフレイン　ラックライフ
1381	千本桜　黒うさP feat.初音ミク	1910	おとなの掟　Doughnuts Hole	1960	WanteD! WanteD!　Mrs. GREEN APPLE
1445	starrrrrrr feat. GEROCK　[Champagne]	1911	パンデミックサドンデス　UNISON SQUARE GARDEN	1961	空に歌えば　amazarashi
1487	ないものねだり　KANA-BOON	1913	やってみよう　WANIMA	1962	運命　My Hair is Bad
1544	恋するフォーチュンクッキー　AKB48	1914	Catch the Moment　LiSA	1963	ヤバみ　ヤバイTシャツ屋さん
1574	ルパン三世のテーマ　ピート・マック・ジュニア	1915	orion　米津玄師	1964	himawari　Mr.Children
1621	メギツネ　BABYMETAL	1916	Fighter　KANA-BOON	1965	英雄 運命の詩　EGOIST
1638	君と夏フェス　SHISHAMO	1917	Los! Los! Los!　ターニャ・デグレチャフ(CV. 悠木碧)	1966	ハッピーウェディング前ソング　ヤバイTシャツ屋さん
1647	イジメ、ダメ、ゼッタイ　BABYMETAL	1918	遺志　斉藤和義	1967	BLACK MEMORY　THE ORAL CIGARETTES
1648	ひまわりの約束　秦基博	1919	嘘の火花　96猫	1968	灰色と青（＋菅田将暉）　米津玄師
1654	ギミチョコ！！　BABYMETAL	1920	見たこともない景色　菅田将暉	1969	花の唄　Aimer
1657	世界は恋に落ちている　CHiCO with HoneyWorks	1921	ようこそジャパリパークへ　どうぶつビスケッツ×PPP	1970	TAKE MY HAND　夜の本気ダンス
1659	紅月 - アカツキ　BABYMETAL	1922	ぼくのフレンド　みゆはん	1971	熱色スターマイン　Roselia
1740	私以外私じゃないの　ゲスの極み乙女。	1923	Taking Off　ONE OK ROCK	1972	ヒューマン　WANIMA
1746	シュガーソングとビターステップ　UNISON SQUARE GARDEN	1924	We are　ONE OK ROCK	1973	Here　JUNNA
1747	ワタリドリ　[Alexandros]	1925	荒野を歩け　ASIAN KUNG-FU GENERATION	1975	Invisible Sensation　UNISON SQUARE GARDEN
1748	なんでもないだり　KANA-BOON	1926	棒人間　RADWIMPS	1975	Invisible Sensation　UNISON SQUARE GARDEN
1766	糸　アルバム「沿志奏逢」より	1927	平行線　さユり	1976	一刀繚乱　Fate/Grand Order
1794	海の声　BEGIN	1928	エイリアンズ　キリンジ	1977	Brave Freak Out　LiSA
1797	狂乱 Hey Kids!!　THE ORAL CIGARETTES	1929	Buzz Off!　[Alexandros]	1978	明日はどこから　松たか子
1799	クリスマスソング　back number	1931	サイハテアイニ　RADWIMPS	1979	fake town baby　UNISON SQUARE GARDEN
1802	はなまるぴっぴはよいこだけ　A応P	1931	渡月橋 〜君 思ふ〜　倉木麻衣	1980	ASH　LiSA
1807	Speaking　Mrs. GREEN APPLE	1932	リボン　BUMP OF CHICKEN	1981	Determination Symphony　Roselia
1808	StaRt　Mrs. GREEN APPLE	1933	BLACK SHOUT　Roselia	1982	感情のピクセル　岡崎体育
1811	SUN　星野源	1934	ララバイ　WANIMA	1983	ONENESS　Roselia
1815	365日の紙飛行機　AKB48	1935	CHARM　WANIMA	1984	瞬き　back number
1817	TRACE　WANIMA	1936	ヒトリゴト　Claris	1985	Grand symphony　佐咲紗花

● 掲載されていないタイトルもございます。お問い合わせください。

オンデマンド（受注生産）楽譜＜TYPE LE＞のお知らせ

フェアリーのピース楽譜は品切れ・再版未定となっている楽曲のほか、
＜TYPE LE＞リスト（＊下記参照）に掲載されている楽曲を受注生産にて販売しております。
ご希望の場合は弊社商品取扱店よりご注文ください。

※ご注意　従来の商品とは装丁が異なります。又、価格・収録曲数も異なる場合があります。
著作権上、受注生産不可能な楽曲もございますのでご了承ください。
（＜TYPE LE＞リストに掲載されている楽曲であれば出版可能です。）

＊＜TYPE LE＞リストは弊社商品取扱店のほか、弊社ホームページでもご覧いただけます。
http://www.fairysite.com/

初期費用・月額会費無料！
1冊売れると120円以上が受け取れる！

「クリエイターズ スコア」とは、プリントオンデマンド技術を利用して、貴方がアレンジした楽譜を通常の楽譜商品と同様、全国の楽器店や書店にて販売できる会員システムです。
受注・生産・著作利用申請・納品・集金・広報を全て当社にて一括して行いますので、気軽に始めることができます!!

詳細はエントリーページへ!! ⇒

http://www.fairysite.com

大好評発売中! ギターコード表を掲載した便利なクリヤーホルダーです。

ギターコード・ホルダー

ギタリストはもちろん、音楽好きな方には是非持っていただきたい！
ギターコード表をデザインしたポップなカラー・ホルダーです。
コードブック同様、実際のギター演奏でも十分に役立ちます。
プレゼントにも最適です！

全6色　A4判
ホワイト
ピンク
ブルー　　　メーカー希望小売価格
グリーン　　 1 枚（本体200円＋税）
イエロー
クリア
色は弊社ホームページからご確認ください。
http://www.fairysite.com

大好評発売中! ピアノコード表を掲載した便利なクリヤーホルダーです。

ピアノコード・ホルダー

様々なシーンで活躍するA4クリアファイルに、コードの構成音が記された鍵盤を掲載し、ポップスなどで使用される様々なコードを感覚的に理解できる仕様となっています。カラーはパステル・ピンクでポップなデザインとなっており、ピアノ経験者のみならず、これからピアノを習う方や小さいお子様などへのプレゼントにも最適な一枚です！

色は弊社ホームページからご確認ください。http://www.fairysite.com

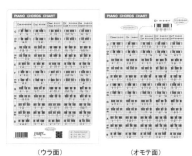

（ウラ面）　　　（オモテ面）

メーカー希望小売価格　1 枚（本体200円＋税）

世界中の打楽器がプリントされたオシャレなクリアーホルダー

大好評発売中!!   FAIRY Inc.

WORLD PERCUSSIONS HOLDER
ワールド・パーカッション・ホルダー

商品説明

大好評のフェアリーの音楽クリヤーホルダーシリーズ第3弾!! 様々なシーンで活躍するA4クリアファイルに、世界中の打楽器をプリントした斬新なデザイン。さらにスマホでQRコードを読み取って連動サイトへアクセスすれば、掲載されている打楽器の音色が聴ける！パーカッションに興味がある方はもちろん、持っているだけでもオシャレなアイテムでプレゼントにも最適な一枚です！

株式会社フェアリー　http://www.fairysite.com

（ウラ面）　　　（オモテ面）

メーカー希望小売価格　1 枚　（本体200円＋税）

至高の歌を奏でる プロフェッショナル・ヴォーカリストのために

Mcare — 音楽生活を応援する健康ブランドです。

美しい声を大切にしたい。ベストコンディションで歌いたい。そんな想いをサポートします。

のど蜜

こんな方にオススメです
- ☑ 声を使うお仕事をされている
- ☑ 声を発する機会が多い
- ☑ エアコンの乾燥が気になる
- ☑ 寒い季節に声が心配

プロポリス、高麗人参、カリン、キンカン、生姜を配合ハチミツの力をさらにパワーアップ！ヴォーカリストをはじめアナウンサーや声優など、声を大切にされる方に是非お勧めしたい逸品です。

湯、紅茶、ハーブティ等に溶いてお召し上がりください♪

美声宣言！

いつでもどこでも演奏のお供に！ぜひお試しください。

1箱400g（20g×20包）　1箱 ▶ 3,800円（税抜）
サンプルもご用意しています　2包入り 500円（送料込み、税別）

商品のご注文お問い合わせはインターネット、電話またはファックスにて受け付けています。

TEL.03-5830-7153
FAX 03-5830-7152
http://www.fairysite.com/mcare

電話受付時間：平日10:00～18:00
（夏季冬期休暇及び臨時休暇を除く）

株式会社フェアリー　エムケア事業部　｜　〒110-0004 東京都台東区下谷1-4-5　｜　TEL.03-5830-7153 / FAX.03-5830-7152

テーマモール・ウォーミングアップ・ジェル
Thema=moll WARMING UP GEL

こんな方にオススメします。
- 手先が冷える
- 手首や指の腱鞘炎が心配
- 手首や指の腱鞘炎に悩んでいる
- 弾き始めの不安感を和らげたい
- 生徒さんの故障を予防したい
- ヌメりやベタつきが気にならないハンドクリームがほしい

【原産国】MADE IN JAPAN　【販売価格】2,300円（税抜）

出先での演奏にも便利なポケット・サイズ。ぜひお試しください。

いきなり弾きはじめていませんか？

腱鞘炎などの故障から手を守るには演奏前のウォーミングアップが重要です。

演奏 ＝ 運動（スポーツ）という発想から生まれた演奏家のための新たな必須アイテム

商品のご注文お問い合わせはインターネット、電話またはファックスにて受け付けています。

TEL.03-5830-7153
FAX 03-5830-7152
http://www.fairysite.com/mcare

電話受付時間：平日10:00～18:00
（夏季冬期休暇及び臨時休暇を除く）

株式会社フェアリー　エムケア事業部　｜　〒110-0004 東京都台東区下谷1-4-5　｜　TEL.03-5830-7153 / FAX.03-5830-7152

● BAND SCORE PIECE No.1985　〈BAND SCORE〉

Grand symphony　　作詞：佐咲紗花　作曲：本多友紀（Arte Refact）

2018年1月5日初版発行　　定価（本体750円＋税）
発行人　久保 貴靖　　　　採譜・浄書　青木 紀
編集人　水野 陽一郎・福田 沙祐

発行所　株式会社フェアリー
〒110-0004 東京都台東区下谷1-4-5 ルーナ・ファースト 4F
TEL 03-5830-7151　FAX 03-5830-7152
ホームページ URL http://www.fairysite.com/
© 2018 by FAIRY INC.　　printed in Japan

● 本誌の楽譜・歌詞及び記事の無断複製は固くお断り致します。
● 造本には十分注意をしておりますが、万一落丁・乱丁等の不良品がありましたらお取り替え致します。

通信販売のお知らせ

当社の出版物は全国の有名楽器店・書店でお求めになれますが、お店での入手が困難な場合は以下の手順でお申し込みいただければ直接当社からお送り致します。
1. 電話（03-5830-7151）またはFAX（03-5830-7152）でご希望の商品の在庫を確認し、ご予約下さい。ホームページURL http://www.fairysite.com からもご予約いただけます。
2. ご希望の商品タイトル・本体価格・ご住所・お名前・お電話番号を明記し、本体価格＋税の合計に発送手数料（配送料を含む）380円を加えた金額を当社までご送金下さい。入金が確認出来しだい商品を発送致します。

【送金方法】
(1) 巣鴨信用金庫・白山支店・普通 3000196・株式会社フェアリーへのお振り込み
(2) 郵便振替・口座番号 00120-2-726692・株式会社フェアリーへのお振り込み

JASRAC 出 1715531-701